X 1266.
H. i. a.

NOUVEL ABÉCÉDAIRE

OU MÉTHODE FACILE

d'enseigner

à lire en français.

A STRASBOURG,

imprimé et se trouve

chez JEAN HENRI HEITZ.

rue de l'Outre N. 3.

Avis aux maîtres.

Il y a deux méthodes d'enseigner à lire aux enfans; celle de l'*épelation* et celle de la *prononciation du son* des lettres et des syllabes. Suivant la première, on fait dire à l'enfant les noms des lettres l'un après l'autre, et ensuite le son de la syllabe. C'est la méthode ordinaire; mais elle est extrêmement longue et fatigante. D'après l'autre, on enseigne bien les noms des lettres, mais on fait observer en même tems à l'enfant le son de chaque lettre. On dit par exemple: cette lettre s'appelle *bé*, et elle sonne... On fait répéter ce son plusieurs fois. Dès que l'enfant connoit les sons de toutes les lettres, on passe au syllabaire, et au lieu de lui faire *nommer* les lettres, on lui fait prononcer tout de suite les *sons* des lettres et les lier ensemble. On en agit de même avec les voyelles composées et les diphthongues. Au lieu de lui faire épeler p, e, a, u, po, on lui dit *eau*: sonne *o*; liez p, o. On sera agréablement surpris, combien les enfans apprennent plus vite à lire d'après cette méthode. Pour en faciliter l'application, on a rédigé ce *nouvel Abécédaire*, et on a classé les syllabes de manière qu'on passe imperceptiblement du facile au difficile. Cependant dès que l'enfant sait lire assez coulamment, il faut lui faire souvent épeler des mots pour l'instruire dans l'orthographe. Le présent livre ne facilite pas seulement la nouvelle méthode, il est également utile aux personnes qui préfèrent l'ancienne.

Cinq Exemplaires du présent Abécédaire ont été déposés conformément à la loi.

J. H. Heitz.

VOYELLES.

a e i y o u

CONSONNES

rangées suivant les organes employés. *)

pbm fvw lnr
td szc gj
kcqg h

NB. c et g ont un double son.

ALPHABET.

abcdefghijkl
mnopqrſstu
vwxyz

*) Le maître aura soin de faire distinguer aux enfants le *nom* et le *son* de chaque lettre.

Lettres majuscules.

ABCDEFGHIJ
KLMNOPQRS
TUVWXYZ

Lettres italiques.

*a b c d e f g h i j k l
m n o p q r s t u v w
x y z*

Voyelles accentuées.

é	accent aigu
à è ù	accent grave
â ê î ô û	accent circonflexe.
ä ë ï ö ü	tréma.

Ponctuation.

(,) virgule (;) point virgule. (:) deux points (.) point (?) point interrogatif (!) point exclamatif.

SYLLABAIRE.

I. *Consonne suivie d'une voyelle.*

A	e	i	y	o	u
Ba	be	bi	by	bo	bu
Ca	-	-	-	co	cu
-	ce	ci	cy	-	-
Da	de	di	dy	do	du
Fa	fe	fi	fy	fo	fu
Ga	-	-	-	go	gu
-	ge	gi	gy	-	-
Ha	he	hi	hy	ho	hu
Ja	je	ji	jy	jo	ju
Ka	ke	ki	ky	ko	ku
La	le	li	ly	lo	lu
Ma	me	mi	my	mo	mu
Na	ne	ni	ny	no	nu
Pa	pe	pi	py	po	pu
Ra	re	ri	ry	ro	ru
Sa	se	si	sy	so	su
Ta	te	ti	ty	to	tu
Va	Ve	vi	vy	vo	vu
Wa	we	wi	wy	wo	wu
Xa	xe	xi	xy	xo	xu
Za	ze	zi	zy	zo	zu
Qua	que	qui	quy	quo	quu*)

*) NB. Prononcez: *ka ke ki ko ku.*

A mi, é té, o sé, pa pa, mi di,
po li, ru sé, dé fi, ho là, do ré,
pâ té, gâ té, go bé, sa go, ge lé;
ju gé, â gé, ca fé, co co, cé da,
ce ci, se ma, ve xa, zé ro, pè re,
mè re, tê te, fê te, bê te, ru de,
â ge, o pé ra, a ni mé, E saü,
vé ri té, u na ni mi té, qui va là,
A mé ri que, Fé li ci té, Sa lo mé,
va ri é té, vé lo ci fè re, hé ro ï que,
Ja ma ï que, Gi ra fe, Di vi ni té.

II. *Voyelle suivie d'une consonne.*

Ab	eb	ib	ob	ub		an	en	in	on	un
ac	ec	ic	oc	uc		ap	ep	ip	op	up
ad	ed	id	od	ud		aq	eq	iq	oq	uq
af	ef	if	of	uf		ar	er	ir	or	ur
ag	eg	ig	og	ug		aſ	eſ	iſ	oſ	uſ
ah	eh	ih	oh	uh		as	es	is	os	us
ak	ek	ik	ok	uk		at	et	it	ot	ut
al	el	il	ol	ul		ax	ex	ix	ox	ux
am	em	im	om	um		az	ez	iz	oz	uz

ab bé, al lé, or né, ex il, ar ma,
is su, du el, Et na, No ël, ob li gé,
al lu ma, en ne mi, fi li al, ex er cé,
il lu mi né, ir ri ta, Is ra ël, ac cu sé,
ac cé lé ré, Sa ül, Em ma nu el.

III. Voyelle entre deux consonnes.

Bal, bel, bec, car, cap, cep, dot, dur, fer, fil, lac, mal, mer, mur, nul, par, pur, sel, sol, suc, sur, tel, ver, vif, vol, a mer, bat tu, car ré, dor mir, fer ma, ger me, hur la, ker mès, lar me, mer le, mor du, nap pe, pur gé, quel le, rap pel, sor tir, tar dif, ver sé, car na val, gé né ral, pa ter nel, vac ci ne, Ja cob, Da vid, Vé nus.

IV. Voyelle accompagnée de plusieurs consonnes.

Bla	blé	bli	blo	blu
bra	bré	bri	bro	bru
cra	cre	cri	cro	cru
gna	gné	gni	gno	gnu
pla	plé	pli	plo	plu
psa	psé	psi	pso	psu
spa	spé	spi	spo	spu
spra	spré	spri	spro	spru
sta	ste	sti	sto	stu
vra	vre	vri	vro	vru

bloc, bref, crac, dru, arc, porc, nerf, Styx, Brest, bro dé, blâ ma, flat té, gra vé, gros si, cry stal,

vi vra, na vré, sta ble, strict, Turc,
scep tre, clô tu re, gno mo ni que,
pro cla me ra, ex tré mi té, ob scur,
per ple xi té, spi ri tu el, pres by-
tè re, ag gré gé, gram ma ti cal,
pro gres sif, schis me, Schwitz.

V. *H muette.*

Hi ver, her be, hom me, hô tel,
hy mne, hor lo ge, hon nê te té,
hy po cri te, ex ha lé, ex hi ba,
in hu mé, dés ho no ré, thé, a thée,
Ju dith.

VI. *Son nasal des lettres m et n.*

NB. A. mots où la voyelle qui précéde ces lettres conserve le son naturel.

Nom, ban, bon, mon, son, non,
un, brun, am ple, lam pe, pom pe,
trom pe, hum ble, par fum, man ge,
gran de, Ty ri en, mon té, con sul,
can ton, con fon du, Ver dun.

B. Mots où les voyelles, *e i* et *y* perdent leur son naturel.

En, en co re, ren du, cen tral, en-
fer, men ton, em pi re, tem ple,
pren dre, a fin, en fin, ma tin,
di vin, sa pin, tins se, mé de cin,

prin ci pal, im pur, Im pé ra tri ce, im pos sib le, cym ba le, tim bre.

NB. Dans beaucoup de mots *m* et *n* n'ont pas de son nasal à la fin des syllabes.

Hom me, fem me, hy men, con nu, im mor tel, em me né, en no blir, en nui, en ne mi, in ha bi le, in nom bra ble, in in tel li gi ble.

VII. Diphthongues dans les quelles les voyelles conservent leur son naturel.

Bien, mien, tien, sien, rien, ciel, fier, lui, cuir, dia ble, biè re, pier re, tien ne, fia cre, fio le, Sua be, Suè de, hui le, pluie, trui te, a mi tié, cui si ne, qùa dru ple, qùa dru pè de, qùa dra gé si me, qùin qùa gé si me, é qùes tre.

NB. Dans les derniers mots *u* se prononce après *q*.

VIII. l et gn mouillés.

Ail, bail, gril, ail le, tra vail, vieil, hail lon, pil la, fil le, sil lon, a beil le, quil le, ha bil lé, cor beil le, cuil ler, rè gne, bor gne, li gne, gro gnon, Po lo gne, cam pa gne, mon ta gne, Al le ma gne, i vro gne.

l non-mouillée : fil, vil, vil le, vil la ge, mil, mil le, Nil, ci vil, ex il.

gn non-mouillé : règ ni co le, ig ni-
co le, in ex pug na ble, gno me,
Gni de.

IX. *Consonnes muettes à la fin des mots.*

Plomb, al ma nac, ta bac, es to mac,
cric, blanc, franc, banc, clerc, jonc,
tronc, as pect, res pect, bled, pied,
verd, lard, bord, nord, vend, nid,
rond, re gard, ha zard, pro fond,
clef, sang, rang, long, é tang, fu sil,
gen til, ba ril, per sil, ou til, camp,
drap, si rop, legs, in stincts.

Al ler, pe ler, col ler, for ger, dan ser,
ca hier, pa nier, cor don nier, é tran-
ger, bas, pas, cas, bras, gras, prés,
a près, ris, gris, bre bis, Pa ris, suis,
nos, dos, gros, fus, plus, a bus,
ex cès, ab sor bés, di tes, a mes,
roses, par ties, lu miè res, fe nê tres,
pas sâ tes, vin tes, bons, blancs,
re ga lons, mé pri se rons.

Rat, plat, dit, fit, mot, flot, fut,
plut, fruit, nuit, part, sort, fort,
front, sol dat, pres sant, pré sent,
sail lant, en fant, con tent, su jet,

bon net, ca ba ret, sont, per dront, pâ li ront.

(*ent* muet) ven dent, ré pon dent, mé ri tent, ri ent, bâ tis sent, tu ent, pren nent, cré ent, a gré ent.

Jé sus - Christ, prix, flux, re flux, cru ci fix, nez, as sez, par lez, com po sez, é cri vez.

X. *Voyelles composées*,
ayant un son différent de celui des voyelles dont elles sont composées.

ae *comme a*: Caen.

ai *comme é*: j'ai, sais, ai mai, se rai, par le rai, rai sin, plai sir.

comme è: mais, fait, paix, haie, plaie, pa lais, main, saint, craint, frai se, af fai re, ro mai ne.

comme e: fai sant, fai sons etc.

ao *comme a*: Laon, paon, faon, paon ne.

comme o: taon, Saô ne.

auet eau *comme o*: aux, maux, faux, au tre, sau ce, as saut, gé né raux, au ber ge, ba daud, Per rault, aulx, eau, eaux, sceau, traî neau, po teaux, beau té, Beau ne, tom beaux.

ea et eo *après g comme a et o:* mangea, na gea, plon geât, lo geant, geai, Geor ge, son geons, geo lier.

ei *comme è:* rei ne, trei ze, sei ze, nei ge, tei gne, pei gnent.

eu *comme oe:* feu, jeu, heu reux, Eu ro pe, Eu gène, pleu reur.
comme u: eu, eus, eus sent, eumes, ga geu re.

ie *comme î:* prie, crie rai, es suie.

oe et œu: Oe di pe, œuf, œu vé, œu vre, œil.

oi *comme è:* a vois, é tois, An glois, pren droit, é cri roit, vien droient, cau se roient, con nois sois, forgeoient. *On écrit aussi:* a vais, é tais etc.
comme o: oi gnon, oi gno net, oi gno niè re.

ou: cou, vous, nous, pous ser, loup, Stras bourg, cail loux, sou cou pe, sur tout.

NB. On lit *ol* comme *ou* dans les mots:

col, li col, sol, sols.

aou *comme ou:* août, août te ron. *Prononcez a dans* a oûter.

ue et ui *après g:* gué, guer re, gueux,

fi gue, gui de, gui née, guir lan de, an guil le, gui tar re.

XI. *Diphthongues.*

Ba yon ne, Ca yen ne, Ma yen ce; pays, pay san, pa yer, a yez, es sa‑ yer, mo yen, ro yal, ro yau me, cro yons, fu yez, en nu yeux.

Dia mant, pi tié, miau ler, bes tiaux, con fiai, niais, Dieu, cieux, vieux, yeux, deuil, feuil le, ac cueil, cer‑ cueil, or gueil, viens, sou tient, châ‑ tiant, ex pé dient, lion, ques tion, moel le, boe te, moi, toi, sois, poi‑ son, froid, doigts, poix, Da nois, Chi nois, bour geois, poing, joi‑ gnit, é loi gné, lou an ge, Rou en, rou a ge, fouet ter, ouest, oui, en‑ fuir, fruit, puits, fouil le, houil le, dé pouil le, é cuel le, Juin, nua ge, ai guil le, ai guil lon, ai gui ser.

XII. *Consonnes qui se prononcent d'une manière particulière.*

c *avec le cédille:* per ça, com men ça, gar çon, le çon, per çu, re çu.

ch *comme sch:* char, cher, chat, chaud, chef, chien, choc, chai se, che val, chy mie, che nil, ar chi- tecte, Ar ché vêque.

ch *comme k:* christ, chré tien, cha os, or ches tre, choeur, chro ni que, é cho, Bac chus, ar chi é pis co pal.

ph *comme f:* Phi lip pe, pro phè te, Nym phe, phra se, Gé o gra phie, Phi lo so phie, Sphè re, Phos pho re.

x *comme s:* dix, dix-neuf, di xai ne, six, si xain, soi xan te, Te xel, Au xer re, Bru xel les, Ca dix.

ti *comme ci :* na tion, mo tion, fic- tion, par tial, es sen tiel, pro phé- tie, E gyp tien, stag na tion.

NB. Dans plusieurs mots *ti* conserve le son naturel: tien, hui tiè me, bas tion, ges tion, nous bat tions, por tions, met tions.

XIII. Consonnes muettes au milieu des mots et dans la liaison avec le mot suivant.

g : si gnet.

m : au tom ne, dam ner, con damna- tion, so lem nel (*so la nel*) so- lem ni té, (*so la ni té*).

p : com pte, dom pte, prom pte, re- dem pteur, sept, sep tiè me, bap- tème, bap ti ser, ex em pter, ex- em ption.

s: mes sieurs, mes da mes, mes de‑moi sel les, les quels, des quels.
f: chef d'œu vre, nerf de bœuf, cerf‑vo lant, neuf sols.
x: six mè tres, dix fois.
q: coq d'In de, cinq li vres.
t: vingt fois, vingt‑quatre.

XIV. Liaison des consonnes finales avec la voyelle suivante.

Il a cent é cus, sans a voir, bel les es pé ran ces, ils ont ai mé, des en‑fants, faux a mis, pas un o bo le, se‑cond ex a men, beau coup à fai re, trop à di re, long es pa ce, sang et eau, de rang en rang, hauts em‑plois, grand hom me, aux an ges.

On a, on en a, mon en fant, ton ha bit, on n'en sait rien en co re, neuf*) é cus, neuf hom mes.

*) Prononcez f comme v.

XV. Trait d'union.

Al lez‑y, pre nez‑en, a‑t‑il? au‑ra‑t‑elle? vou dra‑t‑on, tout‑à‑coup.

XVI. Apostrophe.

L'au ne, l'es poir, mon tre d'or, l'ha lei ne, quart d'heu re, j'ai mé, au jour d'hui, Grand' mère, m'a mie.

XVII. Nombres.

0   1   2   3   4   5   6
Zéro, un, deux, trois, quatre, cinq, six,
7   8   9   10   11   12   13
sept, huit, neuf, dix, onze, douze, treize,
14   15   16   17   18
quatorze, quinze, seize, dix-sept, dix-huit,
19   20   21   22
dix-neuf, vingt, vingt-un, vingt-deux etc.
30   40   50   60
trente, quarante, cinquante, soixante,
70   71   72
soixante-dix, soixante-onze, soixante-douze,
80   90   91
quatre-vingt, quatre-vingt-dix, quatre-vingt-onze,
92   100   200
quatre-vingt-douze, cent, deux cents,
300   1000   10000   100000.
trois cents, mille, dix-mille, cent-mille.

Chiffres romains.

I. II. III. IV. V. VI. VII. VIII. IX.
1   2   3   4   5   6   7   8   9
X. XI. XII. XV. XX. XXX. XL. L. LX.
10 11 12 15 20 30 40 50 60
LXX. LXXX. XC. C. CC. D. M.
70   80   90 100 200 500 1000.

XVIII. En prononçant distinguez bien :

Bon, pont; don, ton; vous, fou; cul, cou; du, tu, toux; pu, pou, boue; bas, pas; bois, poix; rue, roue; sage, sache; cage, cache; blé, plaie, plais; je, chez, j'ai; nous, nu; vous, vu; pouce, puce; doit, toit; gant, quand; belle, pelle; poison, poisson, boisson.

Mots les plus usités.

MONDE : astres, soleil, lune, étoiles.

TERRE : continent, île, plaine, montagne, vallée, champ, pré, forêt, bois, colline, rocher, chemin, route, sentier, fossé, grotte.

EAU : mer, lac, rivière, fleuve, ruisseau, source, cascade, marais, étang, canal, glace.

ATMOSPHÈRE : air, brouillard, nuage, pluie, neige, rosée, grêle, gelée blanche, vent, orage, tempête, éclair, foudre, tonnerre, arc-en-ciel, aurore, crépuscule.

FEU : flamme, étincelle, incendie, rayon, lumière, ombre, ténèbres, feu follet.

TEMS : siècle, année, mois, semaine, jour, heure, moment, minute, matin, midi, soir, nuit, minuit, aujourd'hui, hier, avant-hier, demain, après-demain.

Douze mois: Janvier, Février, Mars, Avril, Mai, Juin, Juillet, Août, Septembre, Octobre, Novembre, Décembre.

Sept jours: Dimanche, Lundi, Mardi, Mercredi, Jeudi, Vendredi, Samedi; — fête.

Quatre saisons: printems, été, automne, hyver; — moisson, fenaison, vendanges.

HOMME, femme, époux, père, mère, enfant, fils, fille, frère, soeur, cousin, parents, grand père, grand'mère, petit-fils, petite-fille, oncle, tante, neveu, nièce, gendre.

ANIMAUX: *Mammifères:* cheval, poulain, taureau, vache, veau, bœuf, bélier, brebis, agneau, mouton, âne, mulet, porc, cochon de lait, bouc, chèvre, singe, chien, chat, rat, souris, cerf, chevreuil, lièvre, lapin, sanglier, lion, tigre, ours, loup, renard, chameau, rhinocéros, éléphant, baleine.

Oiseaux: oie, canard, poule, coq, paon, pigeon, dindon, aigle, vautour, corbeau, corneille, pie, moineau, hirondelle, cigogne, cygne, linotte, serin, fauvette, rossignol, faisan, perdrix, bécasse, autruche. — volaille, plume, bec, aile, queue.

Amphibies: grenouille, crapaud, tortue, serpent, lézard, crocodile; — reptile.

Poissons: anguille, carpe, brochet, truite, tanche, saumon, hareng; — écailles, arête.

Insectes: chenille, ver à soie, abeille, guêpe,

fourmi, mouche, punaise, pou, puce, cousin, araignée, hanneton, taon, écrevisse, papillon, sauterelle; — miel, ruche, aiguillon.

Vers : ver de terre, sang-sue, limaçon, escargot, huître, moule; — coquille.

PLANTES: *Arbres :* chêne, orme, charme, hêtre, pin, sapin, bouleau, aune, saule, peuplier, tilleul, pommier, poirier, cerisier, prunier, noyer, pêcher, abricotier, oranger, mûrier, vigne; — tronc, écorce, branche.

Fruits : pomme, poire, cerise, prune, noix, pêche, abricot, orange, raisin, citron, châtaigne, amande, figue, groseilles, fraises, framboises; — pepin, noyau, pelure.

Légumes : choux, choux-fleurs, salade, laitue, chicorée, cerfeuil, persil, épinards, bette, oseille, asperge, artichaut, concombre, haricots, fèves, pois, lentilles.

Racines : rave, navet, carotte, raifort, betterave, scorzonère, pomme de terre, oignon, ail, porreau, céleri, échalotte; truffe.

Blé : froment, seigle, orge, avoine, ris, maïs, millet. — Semence, grain, épi, tuyau, paille, gerbe.

Fleurs : rose, lis, tulipe, muguet, jacinthe, oeillet, jonquille, narcisse, violette, jasmin, giroflée; — tige, bouton, bouquet.

Herbes : trèfle, foin, thym, lin, chanvre, pavôt, moutarde, coton, canne à sucre, roseau.

Minéraux : *Métaux :* or, argent, cuivre, plomb, étain, fer, acier; *sel; Pierres :* diamant, rubis, saphir, éméraude, crystal. *Terres :* craie, sable, plâtre, chaux, limon.

Corps : les os, membre, pied, main, tête, cheveux, visage, crâne, cerveau, front, yeux, sourcils, paupières, prunelle, oreilles, nez, bouche, lèvres, langue, gorge, dents, joues, menton, barbe, cou, poitrine, cœur, estomac, foie, poumon, ventre, entrailles, boyaux, cuisse, jambe, genou, plante du pied, talon, bras, coude, poing, doigt, pouce, peau, dos, épaule, hanche, côte, nombril, ongle, veines, nerfs.

Ame : raison, entendement, jugement, esprit, mémoire, imagination; les cinq sens: la vue, l'ouïe, l'odorat, le goût, le toucher; volonté, inclination, passion, conscience.

Aliments : pain, vin, eau, bière, lait, soupe, légume, viande, bouilli, rôti, sauce, ragoût, fromage, beurre, gâteau, saucisse, boudin, jambon, pâté, huile, vinaigre; repas, dessert, déjeûner, diner, goûter, souper.

Habillement : chemise, habit, veste, gilet, robe, bas, souliers, bottes, gants, culotte, bonnet, chapeau, mouchoir, fichu, cravate, manteau, collier, chaîne d'or, bague.

Habitation : maison, palais, tente, chambre, cave, grenier, cuisine, cheminée, foyer, porte, escalier, fenêtre, vître, volet, toit, étable, grange, écurie, cour, puits.

Meubles : table, chaise, fauteuil, armoire, commode, bureau, escabelle, lit, rideau, coussin, matelas, draps, paillasse, couverture, miroir, coffre, pendule, fourneau.

Ustensiles : couteau, cuiller, fourchette, assiette, écuelle, plat, nappe, serviette, essuie-main, pot, chaudron, poële, huche, panier, pelle, pincettes, gril, cruche.

Etats : Empereur, Roi, Ministre, Magistrat, Juge, Préfet, Maire, savant, négociant, militaire, artiste, artisan, laboureur, journalier, valet, domestique, servante.

Arts et métiers : peintre, sculpteur, musicien, architecte, maçon, charpentier, menuisier, serrurier, maréchal, vitrier, ferblantier, tisserand, cordonnier, tailleur, relieur, teinturier, couturière, boulager, confiseur.

Actions : marcher, courir, sauter, aller à cheval, parler, appeler, crier, manger, boire, écrire, lire, calculer, rire, pleurer, chanter, porter, toucher, traîner, donner, prendre, acheter, vendre, payer, arroser, verser, essuyer, bâtir, démolir, faire cuire, coudre, tricoter, penser, réfléchir, apprendre par cœur, oublier, aimer, haïr, prier Dieu, se lever, se coucher, dormir, commander, défendre, obeïr, louer, promettre, refuser, se fâcher, sonner, entrer, fermer, ouvrir, monter, descendre, attacher, déchirer, cacher, perdre, trouver, espérer, craindre, se laver, s'habiller, demander, répondre, écouter, saluer, regarder.

Vertus : tempérance, modestie, constance, fidélité, bienfaisance, complaisance, justice, douceur, application, docilité, obéissance, piété, pitié, courage, valeur, pudeur, franchise, reconnoissance, économie.

Vices : vol, mensonge, avarice, fraude, vanité, orgueil, ambition, luxe, prodigalité, paresse, oisiveté, ivresse, ingratitude, colère, vengeance, débauche, lâcheté.

Adjectifs : bon, juste, honnête, utile, convenable, mauvais, méchant, indécent, beau, vilain, agréable; blanc, noir, bleu, verd, rouge, violet, jaune; haut, profond, épais, long, large, court, mince; chaud, froid, tempéré; dur, mou, grand, petit, jeune, vieux, ancien, doux, amer, aigre, poli, uni, rude, content, coupable, facile, difficile, gras, maigre, riche, pauvre, sage, fou, timide, hardi, vrai, faux, perfide.

CINQ PARTIES DE LA TERRE: Europe, Asie, Afrique, Amérique, Terres Australes.

PAYS DE L'EUROPE ET LEURS CAPITALES : *France,* Paris, Rome, Amsterdam; *Portugal,* Lisbonne; *Espagne,* Madrid; *Angleterre,* Londres; *Ecosse,* Edimbourg;

Irlande, Dublin; *Danemarc,* Copenhague; *Norwège,* Christiania; *Suède,* Stockholm; *Russie,* Petersbourg, Moscou; *Prusse,* Berlin, Königsberg; *Turquie,* Constantinople; *Naples,* Naples; *Italie,* Milan; *Sicile,* Palerme; *Suisse,* Berne; *Autriche,* Vienne; *Hongrie,* Presbourg; *Bavière,* Munic; *Wurtemberg,* Stuttgardt; *Saxe,* Dresde et Varsovie; *Westphalie,* Cassel.

Argent : un franc, pièce de trente sols, écu, Napoléon d'or, Louis d'or, ducat.

Poids : livre, kilogramme, quintal, demi-livre, quarteron, once, demi-once.

Mesures : mètre, aune; pouce, pied, toise; litre, hectolitre, boisseau; pot, mesure; stère; are, hectare, arpent.

Phrases les plus usitées.

Bon jour, Monsieur; Bon soir, Madame; Comment vous portez-vous? Fort bien, Dieu merci. Où allez-vous? D'où venez-vous? Je vais au marché. — Mettons-nous à table. Donnez-moi du pain, s'il vous plait. Versez-moi à boire. Buvez-vous de l'eau? Je bois du vin. Prenez du lait. Mangerez-vous de la viande? Non, je mange des légumes. Découpez ce poulet. — Asséyez-vous. Je ne suis pas fatigué. Voici une chaise. Prenez place. Il fait beau aujourd'hui; il pleut, il neige; il tonne. Quel brouillard épais!

Allons-nous promener! Je me suis déjà promené avec ma soeur. N'allez-pas si vîte. Où courez-vous? Je fais une commission pour ma mère. Apportez-moi un para-pluie; Il va pleuvoir. Je sens déjà quelques gouttes. Acheterez-vous des cerises? Non je n'en achete pas. Combien vendez-vous ces pommes? à quinze sols la douzaine. C'est trop cher. Pardonnez-moi, c'est bon marché. Voici un franc, rendez-moi. Tout à l'heure.

Etes-vous malade? Je suis un peu incommodé. Depuis quand? Depuis trois jours. J'ai le rhume de cerveau et mal aux dents.

Quelle heure est-il? Onze heures et demie. Il va sonner midi. Il vient de sonner. Votre montre va-t-elle bien? L'horloger vient de la raccommoder. Que le tems passe vîte!

Pourriez-vous m'enseigner le chemin pour aller à la place d'armes? Passez par cette rue, prenez ensuite à gauche. Où demeure votre cordonnier? rue des Juifs. Et votre tailleur? au marché aux poissons. Y-a-t-il loin d'ici? Vous y êtes tout près. Que ces bas sont sales! Donnez-m'en d'autres. En voici. Je vous remercie de votre peine. Je mettrai aussi une chemise blanche. Quel habit mettrez-vous? Mon angloise verte. Je sortirai pour voir un de mes amis. J'ai l'honneur de vous saluer.

Savez-vous votre leçon? Je la sais parfaitement. Lisez cette histoire; elle est très-jolie. Ecrivez aussi une lettre à votre tante. Je n'ai ni papier, ni plume, ni encre. Je vous en donnerai. Ayez la bonté de me tailler la plume. Jouons à un petit jeu! Je le veux bien. Jouons au colin-maillard; c'est un jeu très-amusant. Oui, on se donne du mouvement. Pourquoi pleurez-vous? Je suis tombé. Mon pied me fait mal. Il faut prendre garde; vous êtes trop étourdi. — Prêtez-moi votre mouchoir; j'ai oublié le mien. Où est Papa? Il est au second étage. Priez-le de descendre. Quelqu'un veut lui parler. J'y cours. Attendez, je vais vous éclairer. Il fait sombre.

Comme vous travaillez, ma cousine! Il faut que je finisse ce bas encore ce matin; cet après-midi je dois aller avec maman au jardin; voulez-vous nous faire le plaisir de nous accompagner? Volontiers si votre maman le permet. J'ai été assise toute la matinée. Qu'avez-vous fait? J'ai achevé une chemise. Moi, je ne sais pas coudre; je ne sais que tricoter. Vous l'apprendrez; n'est ce pas? Oui, dès le commencement du printems. Maman m'a déjà acheté une pelote, un aiguiller, des aiguilles et du fil. Elle sera contente de moi.

Il est tard; allons nous coucher. J'ai sommeil. Je dois me lever de bon matin.

MAXIMES.

Aimez Dieu. — Honorez vos parents. — Aimez la patrie. — Obéissez aux lois. — Soyez attachés à votre Souverain. — Respectez les vieillards. — Ne mentez jamais; dites la vérité. — Travaillez avec plaisir. — Soyez attentifs aux leçons de vos maîtres. — Faites aux autres ce que vous voulez qu'on vous fasse. — N'insultez point aux malheureux; soulagez-les autant que vous pouvez. — Rendez volontiers des services à vos semblables. — Ne trompez pas votre prochain; ne lui dérobez pas la moindre chose. — Gardez fidèlement votre parole. Fuyez l'intempérance et l'oisiveté.

Il faut, autant qu'on peut, obliger tout le monde;
On a souvent besoin d'un plus petit que soi.
Reçoit-on un bienfait, qu'un bienfait y réponde.
Il se faut entr' aider; c'est la commune loi.
C'est un bien grand défaut que d'aller rapporter.
Ne vous permettez pas cette lâche vengeance.
Si l'on vous fait du mal, sachez le supporter.
Qu'un oubli généreux suive à l'instant l'offense.

Le renard et la cicogne.

Le renard invita le premier la cicogne à souper, et lui servit dans un plat un mets fort liquide dont elle ne put goûter, quoiqu'elle eût grand appétit. La cicogne à son tour invita le renard, lui présenta une bouteille pleine de viande hachée; puis y passant son bec elle en mangeoit à son aise et laissoit mourir de faim son convié. Comme le renard léchoit inutilement le cou de la bouteille, l'oiseau de passage, dit-on, lui donna cette leçon : Chacun doit s'attendre qu'on le traite, comme il a traité les autres.

Le frère et la soeur.

Un homme avoit une fille fort laide, et un garçon d'une jolie figure. Comme il se trouva par hazard un miroir sur la chaise de leur mère; ils s'y mirèrent en badinant. Le garçon se vantoit d'être beau; sa soeur s'en fâcha, et ne put soutenir les railleries de son frère qui se pavanoit. En falloit-il davantage? elle prit tout pour des injures; ainsi pour le chagriner à son tour, elle courut au papa, et piquée de jalousie, elle l'accusa de ce qu'étant garçon, il avoit touché à un meuble fait pour les femmes: Papa les embrassa, et par de tendres baisers, leur témoignant à tous deux une égale tendresse: je veux, leur dit-il, que vous vous regardiez tous les jours au miroir: vous, afin que vous songiez à ne pas ternir votre beauté par la difformité du vice: et vous, afin que vous répariez votre laideur par la régularité de vos moeurs.

L'enfant prodigue.

Un homme ayant deux fils, le plus jeune des deux pria son père de lui donner la part qu'il pouvoit prétendre à son héritage; et s'étant retiré d'auprès de lui, il alla dans un pays où il dépensa tout son argent en vivant dans la débauche.

Une grande famine étant ensuite survenue, il en fut si pressé, que ne sachant plus comment vivre, il se mit au service d'un des habitants, qui l'envoya à sa maison de campagne pour y garder les cochons.

Ce fut dans cette occupation si basse, si vile, qu'il sentit toute sa misère; car il désiroit même de se rassasier de ce qu'on donnoit aux cochons, et personne ne lui en offroit.

Alors il rentra en lui-même, et se dit avec douleur: Hélas! combien de mercenaires ont maintenant du pain en abondance dans la maison de mon père; et moi je meurs de faim ici! Il faut que j'aille retrouver mon père, je me jeterai à ses pieds, et je dirai: Je vous ai offensé, mon père, ainsi que le ciel, je ne mérite plus d'être regardé comme votre fils; recevez-moi seulement dans votre maison, et mettez-moi au rang de vos serviteurs.

Avec cette bonne résolution, il retourna dans son pays. Il étoit encore loin, lorsque son père l'aperçut: un père ne peut jamais haïr son fils: celui-ci n'eut pas plutôt vu l'enfant prodigue, qu'il oublia toutes ses fautes, et s'empressa de le serrer dans ses bras, et de lui pardonner. Ce jeune homme sentit alors le mal qu'il avoit fait en quittant un si bon père: dans sa douleur profonde, il s'écria: Mon père! j'ai péché contre le ciel et contre vous; je ne suis plus digne d'être appelé votre fils. Mais ce père charitable voulant au contraire le rétablir dans sa condition de fils, ordonna à ses serviteurs d'apporter promptement les plus beaux vêtemens de son fils; qu'on lui donne une chaussure, dit-il, et qu'on lui mette un anneau au doigt. Amenez le veau gras ici, tuez-le; faisons bonne chère et réjouissons-nous.

Le fils aîné, qui avoit toujours vécu en bon fils, eut un peu de jalousie, lorsqu'en revenant des champs, il entendit le son des instruments, et vit toute la joie du festin. Il ne pouvoit concevoir qu'on fît tant de réjouissances pour un jeune homme qui avoit abandonné son père, mangé tout son héritage, et qui ne revenoit à la maison paternelle que parcequ'il ne pouvoit plus vivre ailleurs.

Mais le père n'eut pas plutôt su ce qui se passoit dans son coeur, qu'il lui fit entendre que tous les enfants étoient également chers à un bon père. Il lui dit: Mon fils, votre frère étoit mort, et il est ressuscité; il étoit perdu, et il est retrouvé; voilà pourquoi nous nous réjouissons.

C'est par cette parabole que Jésus-Christ fait entendre aux hommes que Dieu est un bon père qui pardonne à ceux qui se repentent de leurs péchés.

Joseph.

Joseph, l'un des plus jeunes enfants de Jacob, fils d'Isaac, s'attira l'inimitié de ses frères, parceque, dans deux songes qu'il eut, et qu'il leur raconta, il leur fit pressentir sa grandeur future. Ils résolurent aussitôt de le perdre; et un jour que Jacob l'envoyoit vers eux à Sichem, où ils gardoient leurs troupeaux, ils se dirent : Tuons-le. Ruben, l'aîné, s'opposa à ce dessein criminel; et dans l'intention de le rendre à son père, il dit qu'il falloit le jeter dans une vieille cîterne où il n'y avoit pas d'eau; ce qu'ils firent: mais ils l'en retirèrent presqu'aussitôt, pour le vendre à des marchands Ismaélites qui passoient. Ils envoyèrent ensuite sa robe, teinte du sang d'un chevreau, à leur père Jacob, pour lui faire croire que les bêtes féroces avoient dévoré leur frère. Le jeune Joseph fut donc réduit en esclavage. La femme de Putiphar, son maître, conçut pour lui une passion criminelle; mais ayant été trompée dans son attente, elle accusa devant Putiphar le vertueux Joseph, qui fut mis en prison. D'après cet exemple que le juste ne se trouble point: Dieu descend avec lui dans les cachots, et ne l'abandonne point dans les liens.

C'est du sein même du malheur et de l'humiliation que Dieu tire ses serviteurs fidéles pour les élever. Joseph ayant expliqué les songes des deux officiers de Pharaon, roi d'Egypte, qui étoient en prison avec lui, l'un d'eux étant rentré en grace, parla de Joseph au roi, qui avoit eu deux songes qui l'inquiétoient beaucoup. Pharaon fit venir l'esclave, et lui raconta ses deux songes. Joseph lui dit qu'ils annonçoient sept années d'abondance et sept années de stérilité, et lui conseilla d'amasser tout le blé qu'il pourroit, pendant le temps heureux, pour prévenir la famine épouvantable qui le menaçoit. Etonné de sa sagesse, et plein de reconnoissance pour le conseil si utile qu'il lui donnoit, Pharaon crut que personne ne pouvoit mieux exécuter que lui ce qui étoit nécessaire, et il lui donna une pleine autorité sur l'Egypte. C'est ainsi que Joseph commença d'entrer en sa gloire, et de sortir d'un état où Dieu l'avoit mis d'abord pour le conduire à la grandeur où il vouloit l'élever. Comme les humiliations ne l'avoient point abattu, sa gloire ne l'enorgueillit pas. Il reçut également les biens et les maux de la main de Dieu, et témoigna toujours la plus grande résignation à sa volonté.

Après les sept années d'abondance, la famine fut si grande, qu'elle se fit sentir en Chanaan. Jacob envoya ses enfants en Egypte pour y acheter du blé. Joseph craignant qu'ils n'eussent traité comme lui le petit Benjamin, qui étoit resté près de Jacob, feignit de prendre ses frères pour des espions, et retint Siméon pour prisonnier, jusqu'à ce qu'ils lui eussent amené Benjamin. Quand il l'eut vu au second voyage, il en pleura de joie, et invita ses frères à un grand festin. Il les renvoya ensuite en faisant remettre leur argent dans leurs sacs, et en faisant glisser furtivement une coupe d'argent dans le sac de Benjamin. Il fit ensuite courir après eux comme s'ils l'eussent volé ; et voyant leur embarras, et sur-tout leur douleur, lorsqu'il parla de retenir Benjamin, il se fit reconnoître, les combla de présents, et exigea qu'ils revinssent près de lui avec leur vieux père. Pharaon leur envoya ses chariots, et leur fit une réception magnifique.

Cette histoire, mes enfants, vous démontre combien il est beau d'oublier les injures.

PRIÈRE.

Mon Dieu pour être heureux tu m'as mis sur la terre.
Tu sais bien mieux que moi, quels sont mes vrais besoins.
Le coeur de ton enfant s'en rapporte à tes soins ;
Donne-moi les vertus qu'il me faut pour te plaire.

LIVRET.

1 fois	1 fait	1	4 .	10 .	40	8 .	11 .	88
2 fois	2 font	4	4 .	11 .	44	8 .	12 .	96
2 .	3 .	6	4 .	12 .	48	9 fois	9 font	81
2 .	4 .	8	5 fois	5 font	25	9 .	10 .	90
2 .	5 .	10	5 .	6 .	30	9 .	11 .	99
2 .	6 .	12	5 .	7 .	35	9 .	12 .	108
2 .	7 .	14	5 .	8 .	40			
2 .	8 .	16	5 .	9 .	45	10 fois	10 font	100
2 .	9 .	18	5 .	10 .	50	10 .	11 .	110
2 .	10 .	20	5 .	11 .	55	10 .	12 .	120
2 .	11 .	22	5 .	12 .	60			
2 .	12 .	24	6 fois	6 font	36	11 fois	11 font	121
3 fois	3 font	9	6 .	7 .	42	11 .	12 .	132
3 .	4 .	12	6 .	8 .	48			
3 .	5 .	15	6 .	9 .	54	12 fois	12 font	144
3 .	6 .	18	6 .	10 .	60			
3 .	7 .	21	6 .	11 .	66	1 fois	12 font	12
3 .	8 .	24	6 .	12 .	72	2 .	12 .	24
3 .	9 .	27	7 fois	7 font	49	3 .	12 .	36
3 .	10 .	30	7 .	8 .	56	4 .	12 .	48
3 .	11 .	33	7 .	9 .	63	5 .	12 .	60
3 .	12 .	36	7 .	10 .	70	6 .	12 .	72
4 fois	4 font	16	7 .	11 .	77	7 .	12 .	84
4 .	5 .	20	7 .	12 .	84	8 .	12 .	96
4 .	6 .	24	8 fois	8 font	64	9 .	12 .	108
4 .	7 .	28	8 .	9 .	72	10 .	12 .	120
4 .	8 .	32	8 .	10 .	80	11 .	12 .	132
4 .	9 .	36				12 .	12 .	144

FIN.

www.ingramcontent.com/pod-product-compliance
Lightning Source LLC
Chambersburg PA
CBHW060910050426
42453CB00010B/1632